Marie-Laure Tombini

SOUPES
ET GAZPACHOS

MANGO

SOMMAIRE

SOUPES CHAUDES

SOUPES FROIDES

SOUPES SUCRÉES

Bortsch

Pour 4 personnes
Préparation : 30 min
Marinade : 15 min
Cuisson : 2 h

250 g de bœuf à mijoter
100 g de lard épais
200 g de chou rouge
1 carotte (100 g)
2 pommes de terre à chair ferme (200 g)
2 betteraves cuites (200 g)
2 cuillerées à soupe d'huile neutre
1 cuillerée à soupe de vinaigre
sel, poivre

1. Coupez le bœuf en gros cubes (4 cm de côté environ).
2. Coupez le lard en gros dés.
3. Émincez le chou rouge en lanières.
4. Pelez la carotte, les pommes de terre et la betterave. Coupez-les en dés de 1 cm de côté.
5. Arrosez le chou rouge et la betterave de vinaigre et laissez mariner 15 minutes.
6. Faites chauffer l'huile dans un faitout, puis faites revenir la viande et le lard 3 minutes à feu très vif afin qu'ils commencent à dorer.
7. Ajoutez les carottes et les pommes de terre. Couvrez avec 1 litre d'eau.
8. Lorsque l'eau bout, ajoutez la betterave et le chou rouge. Mélangez délicatement,couvrez et faites cuire 2 heures à feu moyen (ajoutez un peu d'eau si besoin pour garder les légumes couverts de bouillon). Salez et poivrez. Servez chaud.

Bouillabaisse

Pour 6 personnes
Préparation : 40 min
Cuisson : 50 min

500 g de filets
de poissons variés
(rouget, rascasse, congre,
cabillaud, flétan…)
400 g de tomates
1 oignon
1 blanc de poireau
4 pommes de terre
à chair ferme
5 cl de vin blanc
1 cuillerée à soupe
de concentré de tomates
1 feuille de laurier
1 dose de safran
2 cuillerées à soupe
d'huile neutre
sel, poivre

1. Coupez les moins beaux filets de poisson en petits dés. Réservez le reste.
2. Mondez les tomates, puis coupez-les en dés. Pelez et émincez l'oignon. Coupez le poireau en lamelles.
3. Faites chauffer l'huile dans un faitout, puis faites revenir les tomates, le poireau et l'oignon. Lorsqu'ils commencent à colorer, déglacez avec le vin blanc. Ajoutez le concentré de tomates et 50 cl d'eau. Incorporez les dés de poisson, couvrez et faites cuire 15 à 20 minutes à feu moyen.
4. Pelez et lavez les pommes de terre. Coupez-les en gros cubes.
5. Passez la soupe au moulin à légumes. Salez et poivrez. Versez la soupe dans le faitout. Ajoutez les pommes de terre, le safran et le laurier. Faites cuire 10 minutes à feu moyen.
6. Coupez le poisson restant en gros morceaux, plongez-les dans le faitout et continuez la cuisson 5 à 10 minutes.
7. Servez la bouillabaisse bien chaude accompagnée de rouille ou d'aïoli.

Bouillon aux perles du Japon

Pour 4 personnes
Préparation : 10 min
Cuisson : 25 min

6 navets
½ bouquet de coriandre
½ bouquet de persil plat
1 cube de bouillon de volaille
80 g de perles du Japon
1 cuillerée à soupe d'huile neutre

1. Pelez les navets et coupez-les en petits cubes. Lavez et ciselez les herbes.
2. Faites revenir les navets dans une sauteuse avec l'huile pendant 5 minutes à feu moyen.
3. Ajoutez 75 cl d'eau, le cube de bouillon émietté et les perles du Japon. Portez à ébullition puis couvrez et laissez cuire 20 minutes à feu moyen en mélangeant régulièrement.
4. Au moment de servir, ajoutez les herbes fraîches ciselées.

Bouillon détox aux gambas, poireau et fenouil

Pour 2 personnes
Préparation : 20 min
Cuisson : 40 min

80 g de poireau
80 g de fenouil
40 cl de bouillon de légumes (réalisé avec 1 cube)
6 fines tranches de racine de lotus
6 gambas crues décortiquées

1. Lavez le poireau et ciselez-le en fine julienne (bâtonnets).
2. Coupez le fenouil en petits dés.
3. Dans une casserole, portez à ébullition le bouillon de légumes. Ajoutez les légumes et les tranches de racine de lotus. Couvrez et faites cuire 30 minutes à feu moyen.
4. Égouttez la moitié des légumes et les tranches de racine de lotus. Réservez-les au chaud.
5. Mixez l'autre moitié des légumes avec le bouillon de cuisson. Versez dans la casserole et portez à nouveau à ébullition.
6. Plongez les gambas dans la casserole et laissez cuire 3 minutes.
7. Servez le bouillon bien chaud. Répartissez les légumes, les tranches de racine de lotus et les gambas.

Mon conseil : la racine de lotus se trouve en magasin bio ou en épicerie asiatique. Vous pouvez la remplacer par tout autre légume croquant : radis noir, courgette.

Bouillon thaï aux crevettes

Pour 4 personnes
Préparation : 10 min
Cuisson : 10 min

100 g de poivron rouge
1 litre de bouillon de légumes (réalisé avec 1 cube)
1 cuillerée à soupe de gingembre frais râpé
2 cuillerées à soupe de sauce soja
1 cuillerée à soupe de sauce nuoc-mâm
180 g de crevettes grises crues
60 g de vermicelles de soja

1. Lavez le poivron et émincez-le en lanières.
2. Versez le bouillon de légumes dans une casserole et portez à ébullition.
3. Plongez les lanières de poivron dans le bouillon. Ajoutez le gingembre, la sauce soja et le nuoc-mâm. Baissez le feu et laissez frémir 5 minutes.
4. Déposez les crevettes et les vermicelles dans la casserole. Mélangez et portez à nouveau à ébullition.
5. Éteignez le feu, couvrez et laissez reposer 5 minutes avant de servir.

Crème de petits pois aux Saint-Jacques

Pour 4 personnes
Préparation : 15 min
Cuisson : 20 min

2 petits bulbes de fenouil
400 g de petits pois frais écossés
1 cube de bouillon de légumes
1 cuillerée à café de graines d'anis vert
1 cuillerée à café de coriandre en poudre
5 cl de crème liquide (facultatif)
300 g de noix de Saint-Jacques
2 cuillerées à soupe d'huile d'olive
sel, poivre

1. Lavez les fenouils et coupez-les en petits cubes.
2. Placez le fenouil, les petits pois, le cube de bouillon et les épices dans une casserole. Couvrez d'eau à hauteur. Portez à ébullition, puis couvrez et faites cuire 20 minutes sur feu moyen.
3. Égouttez les légumes en réservant le bouillon de cuisson. Mixez les légumes finement. Ajustez la consistance avec un peu de bouillon réservé.
4. Ajoutez éventuellement la crème liquide pour avoir un aspect plus crémeux.
5. Dans une poêle antiadhésive, poêlez les noix de Saint-Jacques avec l'huile d'olive 2 minutes de chaque côté à feu vif. Salez et poivrez.
6. Réchauffez rapidement le velouté. Servez aussitôt avec les Saint-Jacques poêlées.

Harira (soupe marocaine)

Pour 4 à 6 personnes
Préparation : 20 min
Cuisson : 35 min

150 g d'épaule d'agneau
1 oignon
400 g de tomates
50 g de lentilles
50 g de riz
100 g de pois chiches en boîte
½ cuillerée à soupe de cumin
½ cuillerée à soupe de coriandre en poudre
2 cuillerées à soupe de coriandre fraîche ciselée
2 cuillerées à soupe d'huile d'olive
sel, poivre

1. Coupez la viande en petits cubes.
2. Pelez et émincez finement l'oignon.
3. Mondez les tomates. Coupez-les en dés.
4. Dans une casserole, faites chauffer l'huile d'olive, puis faites dorer l'oignon et la viande 3 minutes à feu vif. Salez et poivrez.
5. Ajoutez le reste des ingrédients sauf la coriandre fraîche. Versez 40 cl d'eau et mélangez. Portez à ébullition, puis baissez le feu et laissez mijoter 30 minutes à couvert.
6. Parsemez la soupe de coriandre ciselée et servez chaud.

Mon conseil : privilégiez les tomates fraîches. Hors saison, utilisez de la pulpe de tomates en boîte.

Minestrone

Pour 6 à 8 personnes
Préparation : 20 min
Cuisson : 30 min

2 tomates
1 petite courgette (200 g)
1 poivron rouge
1 petit bulbe de fenouil
1 petite boîte de haricots blancs (350 g)
1 cuillerée à café de graines de fenouil
1 cuillerée à café de graines d'anis vert
1 cube de bouillon de légumes
250 g de petites pâtes (type coquillettes)
sel, poivre

1. Lavez les légumes et coupez-les en petits dés.
2. Déposez tous les dés de légumes dans une casserole. Ajoutez les haricots blancs égouttés, les graines de fenouil et d'anis ainsi que le cube de bouillon. Recouvrez d'eau. Portez à ébullition, puis couvrez et faites cuire 20 minutes à feu doux.
3. Incorporez les pâtes et poursuivez la cuisson 7 minutes environ (ajoutez un peu d'eau bouillante si besoin).
4. Salez et poivrez. Servez bien chaud.

Nage de rouget au safran

Pour 2 personnes
Préparation : 10 min
Cuisson : 20 min

1 oignon
1 blanc de poireau
100 g de petites carottes
10 cl de vin blanc
1 cuillerée à café
de fumet de poisson
1 dose de safran
4 filets de rouget
1 filet de cabillaud
2 cuillerées à soupe
d'huile d'olive

1. Pelez et émincez finement l'oignon. Coupez le blanc de poireau en tronçons. Faites revenir l'oignon et le poireau dans une sauteuse avec l'huile pendant 5 minutes à feu moyen.

2. Ajoutez les carottes pelées et coupées en morceaux, le vin blanc, 20 cl d'eau, le fumet de poisson, le safran et laissez mijoter 15 minutes à feu moyen.

3. Environ 6 minutes avant la fin de la cuisson, incorporez les filets de rouget et le cabillaud coupé en gros morceaux.

4. Servez chaud avec du pain grillé.

Potage Saint-Germain

Pour 6 personnes
Préparation : 20 min
Cuisson : 1 heure environ

1 poireau
2 carottes
1 oignon
1 gousse d'ail
100 g de lardons
500 g de pois cassés
5 cl de crème liquide
1 cuillerée à café de gros sel
1 bouquet garni

1. Ôtez l'extrémité du poireau, lavez-le et coupez-le en lamelles. Pelez les carottes et l'oignon et coupez-les en morceaux.
2. Pelez et dégermez la gousse d'ail.
3. Faites revenir les lardons 3 minutes dans une sauteuse, sans ajout de matière grasse. Retirez l'excédent de gras de la sauteuse, puis ajoutez l'oignon et les légumes et faites-les revenir 5 minutes en remuant.
4. Déposez les pois cassés dans la sauteuse et mouillez avec 2 litres d'eau froide. Ajoutez l'ail et le bouquet garni. Portez à ébullition, puis couvrez et faites cuire 45 minutes environ à feu doux en ajoutant le gros sel aux deux tiers de la cuisson.
5. Retirez le bouquet garni et mixez finement le potage.
6. Ajoutez la crème liquide et réchauffez doucement le potage quelques minutes. Servez aussitôt avec des croûtons.

Soupe à l'ail

Pour 6 personnes
Préparation : 15 min
Cuisson : 25 min

2 têtes d'ail
(de préférence ail nouveau)
1 oignon
500 g de pommes de terre
15 cl de crème liquide
1 cuillerée à soupe d'huile d'olive
sel

1. Pelez et dégermez les gousses d'ail.
2. Épluchez l'oignon et émincez-le grossièrement.
3. Épluchez et lavez les pommes de terre, coupez-les en cubes.
4. Dans une casserole, faites revenir l'oignon et l'ail à feu doux avec l'huile d'olive, sans colorer.
5. Ajoutez les pommes de terre et mouillez avec 1,5 litre d'eau froide. Portez à ébullition, puis couvrez et faites cuire 20 minutes environ à feu doux.
6. Ajoutez la crème liquide et salez. Mixez finement la soupe et servez sans attendre.

Soupe au pesto

Pour 4 personnes
Préparation : 10 min
Cuisson : 1 h 40

1 carotte
1 grosse pomme de terre
1 tomate
1 courgette
1 blanc de poireau
1 oignon
100 g de haricots verts
250 g de haricots rouges en conserve
100 g de coquillettes
3 cuillerées à soupe de pesto
sel, poivre

1. Pelez et coupez la carotte et la pomme de terre en cubes. Lavez la tomate et la courgette et coupez-les en petits dés.
2. Épluchez et émincez l'oignon. Coupez le poireau en tronçons. Équeutez les haricots verts. Rincez les haricots rouges.
3. Déposez l'ensemble des légumes dans une grande marmite. Couvrez d'eau à hauteur, salez, poivrez et faites cuire 1 heure 30 à feu moyen, à couvert.
4. Ajoutez les coquillettes et le pesto, puis poursuivez la cuisson 10 minutes.
5. Répartissez la soupe dans des bols et servez bien chaud.

Soupe aux ravioles

Pour 4 personnes
Préparation : 10 min
Cuisson : 25 min

1 oignon
300 g de petites pommes de terre
½ bouquet de menthe
½ bouquet de coriandre
200 g de ravioles au fromage
1 cube de bouillon de légumes
1 cuillerée à soupe d'huile neutre

1. Pelez et émincez l'oignon. Épluchez et coupez les pommes de terre en morceaux. Lavez et ciselez les herbes.
2. Dans une sauteuse, faites fondre l'oignon avec l'huile. Ajoutez les pommes de terre et le cube de bouillon émietté. Couvrez d'eau à hauteur et portez à ébullition. Baissez le feu et laissez mijoter 20 minutes à couvert.
3. Mixez finement le tout en ajoutant un peu d'eau si la consistance est trop épaisse.
4. Faites chauffer la préparation à feu doux, puis ajoutez les ravioles et laissez cuire 3 à 4 minutes.
5. Ajoutez les herbes fraîches ciselées. Servez aussitôt.

Soupe crémeuse potiron-pistaches

Pour 4 personnes
Préparation : 15 min
Cuisson : 40 min

1,4 kg de potiron
1 oignon
125 g de St Môret®
30 g de pistaches concassées
2 cuillerées à soupe d'huile d'olive

1. Épluchez le potiron et coupez-le en petits cubes. Pelez et émincez l'oignon.
2. Dans une grande casserole, faites cuire le potiron et l'oignon avec l'huile d'olive sur feu moyen 40 minutes environ à couvert (la chair du potiron doit être bien tendre).
3. Mixez finement le tout avec le St Môret®.
4. Répartissez la soupe dans des petits bols. Saupoudrez de pistaches concassées et servez aussitôt.

Mon conseil : il n'est pas nécessaire d'ajouter de l'eau pour la cuisson du potiron ; la soupe sera ainsi plus veloutée.

Soupe d'épeautre au bœuf

Pour 6 personnes
Préparation : 15 min
Cuisson : 40 min

300 g de bœuf (joue, épaule, paleron)
600 g de pommes de terre
1 cube de bouillon de bœuf
200 g d'épeautre
sel, poivre

1. Émincez la viande en petits cubes.
2. Pelez et lavez les pommes de terre et coupez-les en cubes.
3. Versez 2 litres d'eau dans une casserole. Ajoutez le cube de bouillon.
4. Plongez les pommes de terre, l'épeautre et la viande dans la casserole. Portez à ébullition, puis couvrez et faites cuire 40 minutes à feu doux.
5. Salez et poivrez la soupe. Servez bien chaud.

Soupe de brocoli et poivrons

Pour 2 personnes
Préparation : 15 min
Cuisson : 15 min

1 brocoli
2 petits poivrons verts
1 litre de bouillon de légumes (réalisé avec 1 cube)
1 cuillerée à soupe de sucre semoule
sel, poivre

1. Détachez les fleurons du brocoli et lavez-les.
2. Lavez les poivrons et coupez-les en deux. Ôtez les membranes blanches et les graines. Coupez-les en lamelles.
3. Dans une casserole, portez le bouillon de légumes à ébullition. Plongez les brocolis et les poivrons et faites-les cuire 15 minutes.
4. Égouttez les légumes en réservant le bouillon de cuisson. Mixez-les finement en ajoutant progressivement du bouillon jusqu'à obtenir la consistance souhaitée.
5. Salez, poivrez et ajoutez le sucre. Servez aussitôt.

Soupe de champignons aux châtaignes

Pour 4 personnes
Préparation : 10 min
Cuisson : 15 min

450 g de champignons de Paris
50 cl de bouillon de légumes (réalisé avec 1 cube)
150 g de châtaignes cuites
sel, poivre

1. Pelez et lavez rapidement les champignons et essuyez-les avec un linge. Coupez-les en morceaux.
2. Versez le bouillon de légumes dans une casserole. Ajoutez les champignons et les châtaignes. Portez à ébullition, puis couvrez et faites cuire 15 minutes à feu doux.
3. Égouttez les champignons et les châtaignes en réservant le bouillon de cuisson.
4. Mixez-les finement en ajoutant le bouillon réservé, jusqu'à obtenir la consistance souhaitée.
5. Salez et poivrez. Servez aussitôt.

Soupe de chou rouge aux lardons

Pour 4 personnes
Préparation : 15 min
Cuisson : 25 min

300 g de chou rouge
2 petits oignons
1 cube de bouillon de volaille
100 g de lardons fumés

1. Coupez le chou rouge en fines lanières. Pelez et émincez les oignons.
2. Déposez les oignons et le chou dans une casserole. Couvrez-les d'eau et ajoutez le cube de bouillon émietté. Portez à ébullition puis baissez le feu et laissez cuire environ 25 minutes à couvert.
3. Pendant ce temps, faites dorer les lardons dans une poêle, sans ajout de matière grasse.
4. Égouttez le chou et les oignons à l'aide d'une écumoire et mixez-les finement. Ajoutez un peu de bouillon de cuisson pour obtenir la texture souhaitée.
5. Répartissez la soupe dans des bols, parsemez de lardons et servez aussitôt.

Soupe de chou-fleur aux épices

Pour 4 personnes
Préparation : 15 min
Cuisson : 25 min

1 petit chou-fleur (environ 500 g)
1 oignon
1 cuillerée à café de graines de moutarde (+ quelques-unes pour la déco)
½ cuillerée à café de curry
½ cuillerée à café de curcuma
½ cuillerée à café de gingembre moulu
2 cuillerées à soupe de sauce soja
1 cuillerée à soupe d'huile neutre

1. Lavez le chou-fleur et détaillez-le en petits bouquets. Pelez et émincez l'oignon.
2. Dans une sauteuse, faites revenir les graines de moutarde avec l'huile à feu moyen. Ajoutez l'oignon et les épices. Laissez revenir le tout 2 à 3 minutes.
3. Ajoutez le chou-fleur et la sauce soja. Couvrez d'eau à hauteur, portez à ébullition puis laissez mijoter sur feu doux environ 20 minutes à couvert.
4. Égouttez le chou-fleur à l'aide d'une écumoire et mixez-le finement en ajoutant un peu de bouillon de cuisson pour obtenir la texture souhaitée.
5. Répartissez la soupe dans des bols et parsemez de graines de moutarde.

Variante : ajoutez ½ boîte de tomates pelées et concassées avant de mixer.

Soupe de courgettes au chèvre

Pour 4 personnes
Préparation : 10 min
Cuisson : 35 min

1 oignon
500 g de courgettes
1 cube de bouillon de légumes
100 g de chèvre frais
3 cuillerées à soupe d'huile d'olive
sel, poivre
croûtons de pain pour servir

1. Pelez et émincez finement l'oignon. Lavez les courgettes et coupez-les en rondelles.
2. Faites chauffer l'huile dans une casserole et faites revenir les courgettes et l'oignon 3 à 4 minutes. Ajoutez le cube de bouillon émietté et couvrez d'eau à hauteur. Portez à ébullition puis baissez le feu et laissez mijoter 30 minutes sur feu moyen à couvert.
3. Égouttez les légumes à l'aide d'une écumoire et mixez-les finement avec le fromage de chèvre. Ajoutez un peu de bouillon de cuisson pour obtenir la texture souhaitée. Salez légèrement et poivrez.
4. Servez la soupe bien chaude avec des petits croûtons.

Soupe de cresson

Pour 6 personnes
Préparation : 15 min
Cuisson : 20 min

1 botte de cresson
1 oignon
4 pommes de terre (350 g)
20 g de beurre
20 cl de crème fraîche
sel, poivre

1. Lavez le cresson en supprimant les grosses tiges.
2. Pelez et émincez l'oignon.
3. Épluchez et lavez les pommes de terre et coupez-les en cubes (réservez-les dans un saladier d'eau froide).
4. Dans une sauteuse, faites fondre le beurre puis faites revenir l'oignon 3 minutes sur feu moyen. Ajoutez les pommes de terre et le cresson. Mouillez d'eau à hauteur. Portez à ébullition, puis couvrez et faites cuire 15 minutes à feu moyen.
5. Mixez finement les légumes avec l'eau de cuisson en ajoutant la crème fraîche. Salez et poivrez. Servez aussitôt.

Soupe de crevettes aigre-douce

Pour 2 personnes
Préparation : 5 min
Cuisson : 5 min

½ bouquet de coriandre
8 crevettes géantes crues (type gambas)
½ cuillerée à café de pâte de curry rouge
1 pincée de curcuma
le jus de ½ citron vert
1 cuillerée à café de sucre roux
1 cuillerée à soupe de sauce nuoc-mâm
1 cuillerée à soupe d'huile

1. Rincez et hachez grossièrement la coriandre.
2. Décortiquez les crevettes.
3. Dans une casserole, délayez la pâte de curry et le curcuma en ajoutant progressivement 40 cl d'eau. Incorporez la coriandre et portez ce mélange à ébullition.
4. Dans une sauteuse, faites dorer les crevettes avec l'huile 2 à 3 minutes sur feu vif, jusqu'à ce qu'elles soient roses. Arrosez-les de jus de citron vert et de sucre. Faites cuire encore 1 minute en remuant.
5. Déposez les crevettes avec leur jus dans le bouillon à la coriandre. Ajoutez le nuoc-mâm et mélangez. Servez bien chaud.

Soupe de crevettes aux champignons noirs

Pour 4 personnes
Préparation : 10 min
Cuisson : 5 à 10 min

4 champignons noirs séchés
2 tiges de citronnelle
1 cube de bouillon de volaille
150 g de nouilles de riz
3 cuillerées à soupe de sauce nuoc-mâm
1 cuillerée à soupe de sauce soja
½ cuillerée à café de gingembre frais râpé
200 g de grosses crevettes cuites décortiquées

1. Faites tremper les champignons dans un bol d'eau froide pour les réhydrater.
2. Ôtez les premières feuilles de la citronnelle et coupez-la en tronçons de 5 cm.
3. Égouttez les champignons et coupez-les en 2 ou 3 morceaux.
4. Dans une casserole, faites chauffer 70 cl d'eau avec le cube de bouillon et la citronnelle. Portez à ébullition puis ajoutez les nouilles, les sauces et le gingembre. Mélangez, couvrez et faites cuire 5 minutes à feu moyen.
5. Ajoutez les crevettes et les champignons égouttés dans la casserole et faites cuire 2 minutes en remuant. Servez aussitôt.

Soupe de fanes de radis au lait de coco

Pour 4 personnes
Préparation : 10 min
Cuisson : 15 min

les fanes de 1 botte de radis
1 pomme de terre
20 cl de lait de coco
2 brins de menthe
sel, poivre

1. Lavez soigneusement les fanes de radis.
2. Pelez et lavez la pomme de terre, puis coupez-la en petits dés.
3. Dans une casserole, déposez les fanes et les pommes de terre et mouillez d'eau à hauteur. Portez à ébullition, puis couvrez et faites cuire 15 minutes à feu moyen.
4. Mixez finement les légumes avec l'eau de cuisson, en ajoutant le lait de coco et la menthe. Salez et poivrez. Servez aussitôt.

Soupe de lentilles au cantal

Pour 6 personnes
Préparation : 5 min
Cuisson : 35 min

2 oignons
250 g de lentilles vertes du Puy
1 litre de bouillon de volaille (réalisé avec 1 cube)
200 g de cantal jeune
1 cuillerée à soupe d'huile
sel, poivre

1. Pelez les oignons et hachez-les grossièrement.
2. Faites chauffer l'huile dans un faitout, puis faites revenir les oignons 3 minutes à feu vif.
3. Ajoutez les lentilles et faites nacrer quelques minutes en remuant. Versez le bouillon de volaille. Couvrez et faites cuire 30 minutes à feu moyen.
4. Mixez finement les lentilles avec le bouillon de cuisson. Ajoutez le cantal coupé en dés et mixez à nouveau.
5. Salez si besoin et poivrez. Allongez avec un peu d'eau si vous souhaitez une soupe plus fluide.

Soupe de lentilles corail

Pour 4 personnes
Préparation : 5 min
Cuisson : 30 min

1 gros oignon
300 g de carottes
200 g de lentilles corail
1 boîte de tomates pelées et concassées (400 g)
60 cl de bouillon de volaille (réalisé avec 1 cube)
sel, poivre

1. Pelez et coupez l'oignon et les carottes en morceaux.
2. Dans une casserole, mélangez l'oignon, les carottes, les lentilles et les tomates concassées.
3. Ajoutez le bouillon de volaille et portez à ébullition. Couvrez, baissez le feu et laissez mijoter environ 30 minutes.
4. Salez et poivrez si besoin. Mixez le tout. Servez bien chaud.

Mon conseil : parsemez cette soupe de coriandre ciselée.

Soupe de moules au safran

Pour 4 personnes
Préparation : 30 min
Cuisson : 10 min

2 oignons
1 litre de moules de bouchot
10 cl de vin blanc
1 dosette de safran
15 cl de crème liquide
2 cuillerées à soupe d'huile neutre
sel, poivre

1. Pelez et émincez finement les oignons. Grattez et lavez soigneusement les moules.
2. Déposez les moules dans un faitout et ajoutez le vin blanc. Faites-les ouvrir sur feu vif en remuant de temps en temps.
3. Égouttez les moules et ôtez la coquille. Filtrez le jus de cuisson dans une passoire tapissée d'un linge.
4. Dans une sauteuse, faites revenir les oignons avec l'huile 4 à 5 minutes. Incorporez le jus de cuisson des moules, 40 cl d'eau, le safran et la crème. Salez et poivrez.
5. Ajoutez les moules et réchauffez doucement sans laisser bouillir. Servez aussitôt.

Soupe de patates douces

Pour 4 personnes
Préparation : 10 min
Cuisson : 20 min

500 g de patates douces
1 oignon
1 bâton de cannelle
1 cube de bouillon de volaille
100 g de fromage de chèvre frais
1 cuillerée à soupe d'huile neutre

1. Pelez et coupez les patates douces et l'oignon en rondelles.
2. Dans une sauteuse, faites fondre l'oignon avec l'huile. Ajoutez les patates douces, le bâton de cannelle et le cube de bouillon émietté.
3. Couvrez d'eau à hauteur et portez à ébullition puis baissez le feu et laissez mijoter 20 minutes à couvert.
4. Égouttez les légumes à l'aide d'une écumoire en réservant le bouillon de cuisson. Mixez-les avec le fromage de chèvre. Ajoutez un peu de bouillon de cuisson pour obtenir la texture souhaitée.

Soupe de poireaux au chèvre frais

Pour 4 personnes
Préparation : 20 min
Cuisson : 20 min

1 oignon
500 g de poireaux
150 g de pommes de terre
1 litre de bouillon de volaille bio (réalisé avec 1 cube)
100 g de chèvre frais
sel, poivre

1. Pelez et émincez l'oignon.
2. Ôtez une partie du vert des poireaux. Fendez-les en deux et lavez-les soigneusement. Coupez-les en tronçons.
3. Pelez et lavez les pommes de terre et coupez-les en cubes.
4. Dans une casserole, portez le bouillon de volaille à ébullition. Ajoutez l'oignon et les légumes et faites cuire 20 minutes à feu moyen.
5. Égouttez les légumes en réservant le bouillon de cuisson. Mixez-les finement avec le fromage de chèvre frais. Ajoutez du bouillon de cuisson jusqu'à obtenir la consistance souhaitée.
6. Salez et poivrez la soupe. Servez bien chaud.

Soupe de pois chiches, pommes et patate douce

Pour 6 personnes
Préparation : 20 min
Cuisson : 55 min

300 g de pois chiches secs mis à tremper la veille
2 grosses pommes
1 petite patate douce
1 cuillerée à café de gingembre frais râpé
sel, poivre

1. Égouttez les pois chiches et placez-les dans une grande casserole d'eau froide non salée. Portez à ébullition, puis baissez le feu et laissez cuire 30 à 40 minutes, jusqu'à ce qu'ils soient bien tendres.
2. Égouttez les pois chiches et remettez-les dans la casserole.
3. Pelez les pommes et la patate douce. Coupez-les en petits dés. Déposez-les dans la casserole de pois chiches. Mouillez d'eau à hauteur. Couvrez et faites cuire 15 minutes à feu moyen.
4. Mixez finement l'ensemble des légumes avec le bouillon.
5. Ajoutez le gingembre, salez et poivrez. Servez aussitôt.

Oukha (soupe de poisson russe)

Pour 4 personnes
Préparation : 10 min
Cuisson : 40 min

2 pommes de terre (200 g)
1 carotte (120 g)
1 blanc de poireau
1 oignon
1 litre de bouillon de légumes (réalisé avec 1 cube)
400 g de cabillaud
1 noix de beurre
sel, poivre

1. Pelez les pommes de terre et la carotte et coupez-les en rondelles.
2. Lavez le poireau et coupez-le en fins tronçons.
3. Pelez et émincez finement l'oignon.
4. Dans une casserole, faites revenir l'oignon et les légumes avec le beurre 5 minutes à feu moyen.
5. Versez le bouillon de légumes dans la casserole. Portez à ébullition, puis couvrez et faites cuire 30 minutes à feu doux.
6. Coupez le cabillaud en dés et ajoutez-les dans la casserole. Poursuivez la cuisson 5 minutes. Salez et poivrez. Servez cette soupe bien chaude.

Soupe de quinoa, carotte et lentilles

Pour 4 personnes
Préparation : 5 min
Cuisson : 20 min

1 carotte
150 g de quinoa
100 g de lentilles corail
1 cube de bouillon de légumes
1 cuillerée à café de cumin en poudre
sel, poivre

1. Pelez la carotte et coupez-la en petits cubes.
2. Dans une casserole, déposez la carotte, le quinoa, les lentilles, le cube de bouillon émietté et 75 cl d'eau. Portez à ébullition puis baissez le feu et laissez cuire 20 minutes, à couvert, en remuant de temps en temps (ajoutez un peu d'eau en cours de cuisson si nécessaire).
3. Ajoutez le cumin, salez légèrement et poivrez.
4. Répartissez la soupe dans des bols et servez bien chaud.

Soupe de topinambours au sésame

Pour 2 personnes
Préparation : 20 min
Cuisson : 20 min

150 g de topinambours
½ oignon
2 cuillerées à soupe de crème de sésame (tahini)
1 cuillerée à café de gingembre moulu
15 cl de crème liquide
1 cuillerée à soupe de graines de sésame
1 cuillerée à soupe d'huile
sel, poivre

1. Épluchez et lavez les topinambours et coupez-les en rondelles. Émincez l'oignon.
2. Dans une sauteuse, faites revenir l'oignon avec l'huile 2 ou 3 minutes à feu doux. Ajoutez les topinambours. Mouillez avec 30 cl d'eau. Portez à ébullition, puis couvrez et faites cuire 15 minutes environ à feu doux : les topinambours doivent être bien tendres.
3. Égouttez-les puis mixez-les avec la crème de sésame et le gingembre. Ajoutez la crème liquide. Salez et poivrez.
4. Servez le velouté bien chaud parsemé de graines de sésame.

Soupe gratinée à l'oignon

Pour 6 personnes
Préparation : 20 min
Cuisson : 25 min

400 g d'oignons
50 g de beurre
1 cuillerée à soupe de farine
1 litre de bouillon de volaille (réalisé avec 1 cube)
80 g de gruyère râpé
croûtons de pain pour servir

1. Pelez et émincez finement les oignons.
2. Dans une sauteuse, faites fondre le beurre puis faites revenir les oignons 5 minutes à feu moyen en remuant. Ajoutez la farine et mélangez.
3. Versez le bouillon dans la sauteuse. Portez à ébullition, puis couvrez et laissez mijoter 30 minutes à feu moyen.
4. Versez la soupe dans des bols. Ajoutez quelques croûtons de pain et parsemez de gruyère râpé. Passez 5 minutes sous le gril du four. Servez aussitôt.

Soupe gratinée au potiron

Pour 4 personnes
Préparation : 20 min
Cuisson : 30 min

200 g de chair de potiron
400 g d'oignons
1 cuillerée à soupe de farine
1 litre de bouillon de volaille (réalisé avec 1 cube)
50 g de beurre
50 g de gruyère râpé
croûtons de pain pour servir

1. Dans une casserole d'eau bouillante, faites cuire 15 minutes la chair du potiron coupée grossièrement en morceaux.
2. Égouttez les morceaux de potiron. À l'aide d'une fourchette, réduisez-les en purée.
3. Pelez et émincez finement les oignons. Faites-les revenir 5 minutes dans une sauteuse avec le beurre. Ajoutez la farine et mélangez.
4. Versez le bouillon et portez à ébullition. Baissez le feu puis laissez mijoter, à couvert, pendant 30 minutes.
5. Ajoutez la purée de potiron dans les sauteuses et mélangez le tout.
6. Versez la soupe dans des bols. Répartissez quelques croûtons de pain et parsemez de gruyère râpé. Passez sous le gril du four 5 minutes. Servez aussitôt.

Soupe japonaise au tofu

Pour 4 personnes
Préparation : 10 min
Cuisson : 20 min

1 échalote
2 carottes
160 g de tofu nature
1 cuillerée à soupe de graines de sésame
1 cuillerée à café de gingembre frais râpé
1 cuillerée à soupe de sauce soja
1 cuillerée à soupe de vinaigre blanc
1 cube de bouillon de légumes émietté
300 g de nouilles soba (nouilles japonaises au sarrasin)
1 cuillerée à soupe d'huile

1. Pelez et émincez finement l'échalote.
2. Épluchez les carottes et coupez-les en bâtonnets. Coupez le tofu en dés.
3. Dans une sauteuse, faites revenir l'échalote et les carottes avec l'huile 5 minutes à feu moyen.
4. Ajoutez le tofu et le reste des ingrédients sauf les nouilles. Mouillez avec 60 cl d'eau et faites cuire 10 minutes à couvert.
5. Ajoutez les nouilles et mélangez. Poursuivez la cuisson 5 minutes. Servez sans attendre.

Soupe petits pois-lardons

Pour 4 personnes
Préparation : 15 min
Cuisson : 20 min

300 g de pommes de terre
1 oignon
100 g de lardons
250 g de petits pois écossés
75 cl de bouillon de volaille (réalisé avec 1 cube)
3 cuillerées à soupe de crème liquide
2 cuillerées à soupe de cerfeuil ciselé
sel, poivre

1. Épluchez les pommes de terre et coupez-les en petits cubes. Pelez et émincez finement l'oignon.
2. Dans une sauteuse, faites dorer les lardons sans ajout de matière grasse pendant 5 minutes à feu moyen. Ajoutez l'oignon, les pommes de terre et laissez cuire 5 minutes.
3. Incorporez les petits pois et le bouillon. Portez à ébullition puis baissez le feu et laissez mijoter 15 minutes à couvert.
4. Ajoutez la crème liquide, poivrez et salez légèrement. Servez chaud parsemé de cerfeuil ciselé.

Soupe réconfortante aux poivrons

Pour 4 personnes
Préparation : 20 min
Cuisson : 25 min

2 poivrons rouges
2 tomates
1 oignon
200 g de haricots blancs en boîte
1 cube de bouillon de légumes
2 cuillerées à soupe d'huile d'olive
sel, poivre

1. Lavez les poivrons et les tomates. Coupez-les en cubes. Pelez et émincez l'oignon.
2. Dans une casserole, faites revenir les poivrons et l'oignon avec l'huile d'olive 5 minutes. Ajoutez les tomates, les haricots, le cube émietté et 1 litre d'eau.
3. Portez à ébullition puis baissez le feu et laissez mijoter 20 minutes à couvert.
4. Mixez le tout. Salez légèrement et poivrez. Servez chaud.

Soupe saucisses-pommes de terre

Pour 4 personnes
Préparation : 15 min
Cuisson : 15 min

2 saucisses de Toulouse
3 pommes de terre
de taille moyenne
2 carottes
120 g d'amarante
(ou de quinoa)

1. Coupez les saucisses en rondelles.
2. Pelez et lavez les pommes de terre et les carottes. Coupez-les en petits cubes.
3. Dans une casserole, déposez les légumes, l'amarante et les saucisses. Mouillez d'eau à hauteur. Portez à ébullition puis couvrez et faites cuire 15 minutes à feu moyen. Servez la soupe bien chaude.

Velouté au potiron et aux pommes

Pour 4 personnes
Préparation : 15 min
Cuisson : 30 min

400 g de chair de potiron ou potimarron
2 pommes
1 oignon
1 cube de bouillon de volaille
½ cuillerée à café de cannelle moulue
½ cuillerée à café de gingembre moulu
1 cuillerée à soupe d'huile d'olive
sel, poivre

1. Coupez la chair de potiron en gros cubes.
2. Épluchez les pommes et coupez-les en quartiers. Ôtez le cœur et les pépins.
3. Pelez et coupez l'oignon en quatre.
4. Dans une casserole, faites revenir l'oignon 3 ou 4 minutes à feu doux avec l'huile d'olive. Ajoutez le potiron, les pommes, le cube de bouillon émietté et les épices. Mouillez d'eau à hauteur. Portez à ébullition, puis couvrez et laissez cuire 30 minutes à feu doux.
5. Égouttez le potiron et les pommes en réservant le bouillon de cuisson. Mixez-les finement en ajoutant un peu de bouillon réservé pour obtenir la consistance désirée. Salez et poivrez. Servez aussitôt.

Velouté betterave-ricotta

Pour 4 personnes
Préparation : 10 min
Cuisson : 10 min

1 betterave cuite
2 tomates
1 cuillerée à soupe de miel
½ cube de bouillon de volaille
80 g de ricotta
1 cuillerée à soupe de vinaigre balsamique
sel, poivre

1. Épluchez la betterave et coupez-la en morceaux. Lavez les tomates et coupez-les en cubes.
2. Faites revenir la betterave et les tomates 3 à 4 minutes dans une sauteuse avec le miel.
3. Couvrez d'eau à hauteur, ajoutez le cube de bouillon émietté et portez à ébullition. Baissez le feu et laissez cuire 10 minutes à couvert.
4. Égouttez les légumes à l'aide d'une écumoire en réservant le bouillon de cuisson. Mixez-les finement avec la ricotta et le vinaigre balsamique. Ajoutez un peu de bouillon de cuisson pour obtenir une consistance de velouté. Salez légèrement et poivrez. Servez aussitôt.

Velouté d'asperges à la poutargue

Pour 4 personnes
Préparation : 10 min
Cuisson : 15 min

700 g d'asperges vertes
70 cl de bouillon de légumes (réalisé avec 1 cube)
5 cl de crème fraîche
2 cuillerées à soupe de poutargue fraîchement râpée
sel, poivre

1. Rincez les asperges, coupez les têtes et réservez-les. Coupez les tiges en tronçons.
2. Dans une casserole, portez le bouillon de légumes à ébullition. Plongez les tronçons d'asperges et faites cuire 5 à 10 minutes.
3. Égouttez les asperges en réservant le bouillon. Mixez-les très finement (filtrez si besoin pour ôter les filaments restants). Ajoutez la crème fraîche, salez et poivrez. Allongez éventuellement avec du bouillon pour obtenir la consistance souhaitée.
4. Versez le velouté dans la casserole et portez à nouveau à ébullition. Ajoutez les têtes d'asperges et laissez cuire 5 minutes à feu doux.
5. Répartissez le velouté aux asperges dans des bols. Parsemez le dessus de poutargue râpée et servez aussitôt.

Velouté d'endives

Pour 4 personnes
Préparation : 20 min
Cuisson : 30 min

2 endives (250 g)
1 oignon
2 pommes de terre (250 g)
½ cube de bouillon de volaille
50 g de graines de tournesol
2 cuillerées à soupe d'huile neutre

1. Enlevez la base amère et les premières feuilles des endives. Coupez-les en lamelles. Pelez et émincez l'oignon. Épluchez et coupez les pommes de terre en cubes.
2. Dans une sauteuse, faites revenir les endives, les pommes de terre et l'oignon avec l'huile 5 minutes à feu vif.
3. Ajoutez le cube de bouillon émietté et 35 g de graines de tournesol. Couvrez d'eau à hauteur et portez à ébullition. Baissez le feu et laissez cuire 25 minutes à couvert.
4. Égouttez les légumes à l'aide d'une écumoire et mixez-les finement avec un peu de bouillon de cuisson pour avoir une texture de velouté.
5. Répartissez le velouté dans des bols et saupoudrez du reste de graines de tournesol. Servez aussitôt.

Velouté de carottes au haddock

Pour 4 personnes
Préparation : 20 min
Cuisson : 20 min

250 g de haddock
50 cl de lait
400 g de pommes de terre
200 g de carottes
1 cuillerée à café de curcuma
sel, poivre

1. Déposez le haddock dans une casserole et recouvrez-le d'un mélange eau-lait (25 cl de lait et autant d'eau). Faites chauffer et laissez frémir 4 à 5 minutes. Égouttez et laissez tiédir.
2. Pelez les pommes de terre et les carottes et coupez-les en petits cubes. Faites-les cuire ensemble 20 minutes dans une grande casserole d'eau bouillante salée.
3. Égouttez les légumes à l'aide d'une écumoire et mixez-les finement avec le reste de lait chaud et 30 cl de bouillon de cuisson jusqu'à obtenir une consistance de velouté. Ajoutez le curcuma, salez légèrement et poivrez.
4. Émincez le haddock en lamelles. Réchauffez le velouté et répartissez-le dans des bols. Parsemez de lamelles de haddock et servez aussitôt.

Velouté de carottes au pavot

Pour 4 personnes
Préparation : 10 min
Cuisson : 20 min

5 carottes
(environ 600 g)
1 cube de bouillon
de légumes
15 cl de lait de coco
graines de pavot
sel, poivre

1. Pelez les carottes et coupez-les en morceaux.
2. Faites-les cuire dans une casserole d'eau bouillante avec le cube de bouillon pendant 20 minutes.
3. Égouttez les carottes à l'aide d'une écumoire et mixez-les finement avec le lait de coco. Ajoutez un peu de bouillon de cuisson pour obtenir une texture de velouté. Salez légèrement et poivrez.
4. Répartissez le velouté dans des bols et parsemez de graines de pavot.

Velouté de cèpes et poires pochées

Pour 4 personnes
Préparation : 15 min
Cuisson : 25 min

4 poires comices bien mûres
35 cl de vin blanc
1 cuillerée à soupe de thym frais
1 bâton de cannelle
1 fleur d'anis étoilé
250 g de cèpes
40 cl de lait d'épeautre
4 pincées de cannelle moulue
1 cuillerée à soupe d'huile
sel, poivre

1. Pelez les poires en gardant la queue. Avec la pointe d'un économe, épépinez-les par le dessous.
2. Dans une casserole, faites chauffer le vin blanc et 35 cl d'eau. Ajoutez le thym, le bâton de cannelle et l'anis étoilé. Plongez les poires dans la casserole et faites-les pocher 15 minutes sur feu doux. Laissez-les refroidir dans ce sirop.
3. Nettoyez soigneusement les cèpes à l'aide d'un linge humide. Coupez-les en morceaux.
4. Dans une sauteuse, faites revenir les cèpes 5 minutes à feu moyen avec l'huile. Ajoutez le lait et laissez cuire 5 minutes à feu doux.
5. Mixez finement les cèpes avec le lait de cuisson. Salez et poivrez.
6. Répartissez le velouté dans des coupes. Disposez 1 poire pochée, saupoudrez d'1 pincée de cannelle et servez aussitôt.

Velouté de champignons

Pour 4 personnes
Préparation : 10 min
Cuisson : 30 min

1 oignon
500 g de champignons de Paris
2 cuillerées à soupe de farine
75 cl de bouillon de volaille (réalisé avec 1 cube)
2 cuillerées à soupe de crème fraîche
le jus de ½ citron
1 cuillerée à soupe de persil plat haché
1 cuillerée à soupe d'huile neutre
sel, poivre

1. Pelez et émincez l'oignon.
2. Pelez et lavez rapidement les champignons. Essuyez-les avec un linge. Coupez-les en morceaux.
3. Dans une sauteuse, faites revenir l'oignon 2 à 3 minutes sur feu doux avec l'huile. Ajoutez les champignons. Salez, poivrez et mélangez. Couvrez et faites suer 5 minutes à feu doux.
4. Ajoutez la farine dans la sauteuse et remuez bien. Mouillez avec le bouillon de volaille, couvrez et faites cuire 20 minutes à feu doux.
5. Égouttez les champignons en réservant le bouillon de cuisson. Mixez-les finement avec la crème fraîche et un filet de jus de citron. Ajoutez du bouillon pour obtenir la consistance souhaitée.
6. Parsemez le velouté de persil haché et servez aussitôt.

Velouté de châtaignes au boudin blanc

Pour 4 personnes
Préparation : 20 min
Cuisson : 25 min

1 pomme
1 oignon
200 g de châtaignes pelées
1 cube de bouillon de volaille
2 boudins blancs
20 cl de lait
1 cuillerée à soupe d'huile neutre

1. Épluchez et coupez la pomme en cubes. Pelez et émincez l'oignon.
2. Dans une cocotte, déposez les châtaignes, la pomme, l'oignon et le cube de bouillon émietté. Couvrez d'eau à hauteur et portez à ébullition, puis baissez le feu et laissez cuire 20 minutes à couvert.
3. Pendant ce temps, ôtez la peau des boudins blancs puis faites-les revenir dans une poêle 3 minutes de chaque côté avec un filet d'huile à feu vif.
4. Égouttez les légumes à l'aide d'une écumoire et mixez-les finement avec le lait chaud. Ajoutez un peu de bouillon de cuisson pour avoir une texture plus veloutée.
5. Répartissez le velouté dans des bols. Servez chaud avec quelques rondelles de boudin blanc.

Velouté de chou-fleur au roquefort

Pour 6 personnes
Préparation : 15 min
Cuisson : 25 min

1 beau chou-fleur
(1 kg environ)
15 cl de lait ou
de crème fraîche
150 g de roquefort
+ 50 g pour la déco
sel

1. Détaillez le chou-fleur en petits bouquets et lavez-les. Faites-les cuire dans une casserole d'eau bouillante 20 à 25 minutes afin qu'ils soient bien tendres.
2. Égouttez le chou-fleur en réservant l'eau de cuisson.
3. Mixez-le finement avec le lait (ou la crème fraîche) et le roquefort émietté. Ajoutez un peu d'eau de cuisson si nécessaire (la consistance ne doit pas être trop liquide). Salez.
4. Servez le velouté chaud, parsemé de quelques dés de roquefort.

Velouté de chou-fleur au comté

Pour 4 personnes
Préparation : 15 min
Cuisson : 25 min

500 g de chou-fleur
100 g de comté fraîchement râpé
50 cl de bouillon de légumes (réalisé avec 1 cube)
sel, poivre

1. Détaillez le chou-fleur en petits bouquets et lavez-les. Faites-les blanchir dans une casserole d'eau bouillante 3 minutes puis égouttez-les.
2. Versez le bouillon de légumes dans une casserole. Ajoutez les bouquets de chou-fleur et faites cuire à feu moyen 20 minutes.
3. Égouttez le chou-fleur en conservant le bouillon de cuisson. Mixez-le finement avec le comté. Ajoutez un peu de bouillon pour obtenir la consistance désirée.
4. Salez modérément le velouté et poivrez. Servez aussitôt.

Velouté de courge giraumon au lait de coco

Pour 4 personnes
Préparation : 10 min
Cuisson : 25 min

800 g de courge giraumon
1 gousse d'ail
1 oignon
10 cl de lait de coco
curry
sel, poivre

1. Pelez la courge et coupez-la en morceaux.
2. Épluchez et dégermez la gousse d'ail. Pelez et émincez l'oignon.
3. Dans une casserole, placez les morceaux de courge, l'oignon et l'ail. Ajoutez 50 cl d'eau. Portez à ébullition, puis couvrez et laissez cuire 20 à 30 minutes à feu moyen.
4. Égouttez les légumes en réservant l'eau de cuisson. Mixez-les finement avec le lait de coco. Ajoutez un peu d'eau de cuisson jusqu'à obtenir la consistance souhaitée.
5. Assaisonnez le velouté de sel, de poivre et de curry à votre goût. Servez aussitôt.

Bon à savoir : la chair de la courge giraumon (ou turban turc) possède une saveur délicatement sucrée et sa texture est légèrement farineuse.

Velouté de fenouil à la fève tonka

Pour 4 personnes
Préparation : 15 min
Cuisson : 40 min environ

4 bulbes de fenouil (1,2 kg)
4 pommes de terre moyennes (700 g)
3 grosses échalotes
75 cl de bouillon de légumes (réalisé avec 1 cube)
1 fève tonka
2 cuillerées à soupe d'huile d'olive
sel, poivre

1. Lavez le fenouil et émincez-le en lamelles.
2. Épluchez et lavez les pommes de terre et coupez-les en cubes (réservez-les dans un saladier d'eau froide).
3. Pelez et émincez finement les échalotes.
4. Dans une sauteuse, faites revenir les échalotes et les légumes avec l'huile d'olive 5 minutes à feu moyen.
5. Versez le bouillon de légumes dans la sauteuse. Portez à ébullition, puis couvrez et laissez cuire 30 à 40 minutes à feu doux.
6. Mixez finement les légumes avec le bouillon de cuisson. Salez et poivrez.
7. Servez le velouté bien chaud saupoudré de fève tonka râpée.

D'après une recette proposée par Mozart, sur le site www.odelices.com

Velouté de fenouil au citron confit et aux écrevisses

Pour 4 personnes
Préparation : 15 min
Cuisson : 20 min

1 bulbe de fenouil
400 g de petits pois écossés
1 cube de bouillon de légumes
2 petits citrons confits
250 g d'écrevisses cuites décortiquées
sel, poivre

1. Lavez le fenouil et émincez-le en lamelles.
2. Dans une casserole, déposez le fenouil et les petits pois et mouillez d'eau à hauteur. Ajoutez le cube de bouillon émietté. Portez à ébullition, puis couvrez et laissez cuire 20 minutes sur feu moyen.
3. Égouttez les légumes en réservant le bouillon de cuisson. Mixez-les finement avec les citrons confits. Ajoutez un peu de bouillon réservé pour obtenir la consistance désirée. Salez et poivrez.
4. Versez le velouté dans des assiettes creuses. Répartissez les écrevisses sur le dessus et servez aussitôt.

Velouté de fèves aux graines germées

Pour 12 verrines
Préparation : 10 min
Cuisson : 10 min

400 g de fèves écossées
100 g de chèvre frais
1 cuillerée à soupe de wasabi
3 cuillerées à soupe de graines germées d'alfalfa
sel, poivre

1. Faites cuire les fèves 10 minutes dans une casserole d'eau bouillante salée.

2. Égouttez-les en réservant l'eau de cuisson. Pelez-les.

3. Mixez finement les fèves avec le fromage de chèvre et le wasabi. Ajoutez un peu d'eau de cuisson jusqu'à obtenir la consistance souhaitée. Salez et poivrez. Laissez refroidir et placez au réfrigérateur.

4. Répartissez le velouté dans des verrines et parsemez de graines d'alfalfa. Servez bien frais.

Mon conseil : si vous manquez de temps, utilisez des fèves surgelées déjà pelées.

Velouté de girolles

Pour 6 personnes
Préparation : 30 min
Cuisson : 25 min

1 gros oignon
300 g de champignons de Paris
500 g de girolles
600 g de pommes de terre
1 cube de bouillon de légumes
20 cl de crème liquide
3 cuillerées à soupe d'huile d'olive
sel, poivre

1. Pelez et émincez finement l'oignon.
2. Nettoyez les champignons et coupez-les en morceaux. Réservez quelques belles girolles pour décorer les soupes.
3. Pelez les pommes de terre et coupez-les en gros morceaux.
4. Dans une sauteuse, faites chauffer l'huile d'olive. Faites-y revenir l'oignon et les champignons 5 minutes à feu vif.
5. Ajoutez les pommes de terre, le cube de bouillon et couvrez d'eau. Laissez cuire 20 minutes à feu moyen.
6. Égouttez les légumes en réservant le jus de cuisson. Mixez-les finement avec la crème et ajustez la consistance en ajoutant du bouillon de jus de cuisson.

Velouté de lentilles au saumon fumé

Pour 4 personnes
Préparation : 5 min
Cuisson : 25 min

3 blancs de poireaux
80 g de lentilles vertes
1 cube de bouillon de légumes
4 tranches de saumon fumé
2 cuillerées à soupe d'huile neutre
sel, poivre

1. Lavez les blancs de poireaux et coupez-les en tronçons. Dans une sauteuse, faites-les revenir avec l'huile 5 minutes à feu moyen.
2. Ajoutez les lentilles et le cube de bouillon émietté. Couvrez d'eau à hauteur et portez à ébullition. Baissez le feu et laissez mijoter 20 minutes à couvert.
3. Égouttez les légumes à l'aide d'une écumoire et mixez-les finement avec un peu de bouillon de cuisson pour obtenir une texture de velouté. Salez légèrement et poivrez.
4. Répartissez le velouté dans des bols et parsemez de lamelles de saumon fumé.

Velouté de maïs pimenté

Pour 4 personnes
Préparation : 5 min
Cuisson : 20 min

1 oignon
1 petit poivron rouge
400 g de maïs en boîte égoutté
1 cube de bouillon de légumes
1 cuillerée à café de paprika
4 à 6 gouttes de Tabasco®
1 cuillerée à soupe d'huile neutre
sel, poivre

1. Pelez et émincez l'oignon. Lavez le poivron, enlevez les pépins et la membrane blanche puis coupez-le en lamelles.
2. Dans une sauteuse, faites revenir l'oignon et le poivron avec l'huile 2 à 3 minutes.
3. Ajoutez le maïs et le cube de bouillon émietté. Couvrez d'eau à hauteur et portez à ébullition, puis baissez le feu et laissez cuire 15 minutes à couvert.
4. Égouttez les légumes à l'aide d'une écumoire et mixez-les finement avec le paprika et le Tabasco®. Ajoutez un peu de bouillon de cuisson pour obtenir une texture de velouté.
5. Rectifiez éventuellement l'assaisonnement et servez chaud.

Velouté de maïs, coco et crevettes

Pour 4 personnes
Préparation : 5 min
Cuisson : 5 min

300 g de maïs en boîte égoutté
20 cl de lait de coco
250 g de petites crevettes cuites décortiquées
sel, poivre

1. Dans une casserole, versez le lait de coco et 20 cl d'eau. Ajoutez le maïs et la moitié des crevettes. Faites chauffer 5 minutes à feu doux.
2. Mixez finement la préparation. Salez et poivrez.
3. Servez le velouté de maïs chaud, parsemé des crevettes restantes.

Velouté de navets à la noisette

Pour 4 personnes
Préparation : 10 min
Cuisson : 20 min

500 g de navets
1 oignon
1 cube de bouillon de volaille
80 g de poudre de noisettes
1 cuillerée à soupe d'huile d'olive
quelques croûtons pour servir

1. Épluchez et coupez les navets en morceaux. Pelez et émincez l'oignon.
2. Dans une sauteuse, faites revenir les oignons et les navets avec l'huile 5 minutes.
3. Couvrez d'eau à hauteur et ajoutez le cube de bouillon émietté. Portez à ébullition. Baissez le feu et laissez cuire 15 minutes à couvert.
4. Égouttez les légumes à l'aide d'une écumoire et mixez-les finement avec la poudre de noisettes. Ajoutez un peu de bouillon de cuisson pour obtenir une consistance de velouté. Servez bien chaud avec des croûtons.

Velouté de panais aux pommes

Pour 4 personnes
Préparation : 15 min
Cuisson : 20 min

400 g de panais
150 g de pommes
80 cl de bouillon de légumes (réalisé avec 1 cube)
sel, poivre

1. Pelez les panais et les pommes. Coupez-les en dés.
2. Versez le bouillon de légumes dans une casserole. Ajoutez les dés de panais et de pomme. Portez à ébullition, puis couvrez et laissez cuire 20 minutes à feu doux.
3. Égouttez les panais et les pommes en réservant le bouillon de cuisson. Mixez-les finement en ajoutant un peu de bouillon de cuisson afin d'obtenir la consistance souhaitée. Salez et poivrez. Servez aussitôt.

Velouté de pâtisson aux noisettes

Pour 4 personnes
Préparation : 20 min
Cuisson : 30 min

1 pâtisson
½ bouquet de coriandre
60 g de noisettes décortiquées
15 cl de lait végétal
sel, poivre

1. Plongez le pâtisson dans une casserole d'eau froide. Mettez un couvercle et posez un poids dessus pour maintenir le pâtisson dans l'eau. Portez à ébullition puis faites cuire 30 minutes à feu moyen. Égouttez et laissez tiédir.
2. Lavez et hachez la coriandre.
3. Ôtez la peau du pâtisson au couteau et coupez la chair en gros dés en enlevant les pépins.
4. Mixez finement les dés de pâtisson avec les noisettes. Ajoutez le lait. Passez au tamis pour ôter les morceaux de noisette restants. Salez et poivrez. Ajoutez la coriandre hachée.
5. Faites réchauffer le velouté dans une casserole jusqu'à ébullition. Servez aussitôt.

Velouté de petits pois au wasabi et à la menthe

Pour 16 verrines
Préparation : 10 min
Cuisson : 10 min

50 cl de bouillon de légumes (réalisé avec 1 cube)
300 g de petits pois frais écossés
1 cuillerée à café de wasabi
10 feuilles de menthe fraîche
sel, poivre

1. Portez à ébullition une casserole d'eau avec le cube de bouillon.
2. Plongez les petits pois dans la casserole et faites-les cuire 10 minutes.
3. Égouttez-les en réservant le bouillon de cuisson.
4. Mixez les petits pois finement. Ajoutez le wasabi et la menthe, mixez à nouveau. Ajustez la consistance en ajoutant un peu de bouillon de cuisson. Salez et poivrez.
5. Servez ce velouté chaud ou froid dans des petites verrines.

Velouté de pommes de terre au gouda

Pour 6 personnes
Préparation : 15 min
Cuisson : 20 min

1 kg de pommes de terre
1 oignon
200 g de gouda fraîchement râpé
1 cuillerée à soupe de cumin en grains
sel, poivre

1. Épluchez et lavez les pommes de terre puis coupez-les en cubes.
2. Pelez l'oignon et émincez-le finement.
3. Placez les pommes de terre dans une grande casserole d'eau froide salée. Portez à ébullition, puis couvrez et faites cuire 10 minutes à feu moyen.
4. Ajoutez l'oignon dans la casserole et poursuivez la cuisson 10 minutes.
5. Égouttez les pommes de terre et l'oignon en réservant un peu d'eau de cuisson. Mixez-les finement en ajoutant l'eau de cuisson réservée jusqu'à obtenir la consistance souhaitée. Salez et poivrez.
6. Versez le velouté dans une casserole. Ajoutez le cumin et le fromage râpé et faites chauffer en remuant constamment pour que le fromage n'accroche pas dans le fond. Servez sans attendre.

Velouté de potimarron à l'orange

Pour 4 personnes
Préparation : 15 min
Cuisson : 20 min

1 orange non traitée
1 beau potimarron (500 g)
sel, poivre

1. Prélevez le zeste de l'orange et recueillez le jus.
2. Pelez le potimarron et coupez-le en cubes. Déposez-les dans une casserole. Mouillez d'eau à hauteur et salez. Portez à ébullition, puis couvrez et faites cuire 20 minutes à feu moyen.
3. Égouttez les cubes de potimarron en réservant l'eau de cuisson. Mixez-les finement et ajoutez peu à peu le liquide de cuisson, jusqu'à obtenir une consistance onctueuse.
4. Mélangez le jus et le zeste d'orange à la soupe. Rectifiez l'assaisonnement si besoin. Salez et poivrez. Servez aussitôt.

Mon conseil : ajoutez un peu de crème fraîche pour avoir un velouté plus crémeux.

Velouté de potiron au foie gras

Pour 2 personnes
Préparation : 15 min
Cuisson : 40 min

1 oignon
300 g de chair de potiron
1 petit bloc de foie gras
2 cuillerées à soupe d'huile d'olive
sel, poivre
quelques baies roses pour la déco

1. Pelez et émincez finement l'oignon. Détaillez le potiron en petits cubes.
2. Dans une sauteuse, faites cuire le potiron et l'oignon avec l'huile d'olive à feu doux, pendant 30 à 40 minutes, sans ajouter d'eau, jusqu'à ce que la chair soit bien tendre.
3. Mixez finement le mélange. Salez et poivrez. Parsemez de copeaux de foie gras et de baies roses. Servez aussitôt.

Velouté de potiron, lait de coco et langoustines

Pour 4 personnes
Préparation : 20 min
Cuisson : 25 min

400 g de chair de potiron
10 cl de lait de coco
200 g de queues de langoustines cuites décortiquées
½ cuillerée à café de curry
2 cuillerées à soupe d'huile
sel, poivre

1. Coupez la chair de potiron en cubes. Déposez-les dans une casserole. Ajoutez le lait de coco et 15 cl d'eau. Faites cuire 20 minutes à feu moyen.
2. Égouttez les cubes de potiron en réservant le liquide de cuisson. Passez-les au presse-purée et ajoutez peu à peu le liquide de cuisson, jusqu'à obtenir une consistance bien onctueuse. Salez et poivrez. Gardez au chaud.
3. Dans une poêle, faites chauffer l'huile puis faites sauter rapidement les queues de langoustines avec le curry.
4. Versez le velouté dans des bols, répartissez les langoustines et servez sans attendre.

Velouté de rutabagas au canard

Pour 4 personnes
Préparation : 10 min
Cuisson : 30 min

1 cuisse de confit de canard
500 g de rutabagas
1 oignon
1 cube de bouillon de volaille
1 cuillerée à soupe d'huile d'olive

1. Préchauffez le four à 180 °C (th. 6). Déposez la cuisse de canard dans un plat et passez au four 10 minutes pour faire fondre la graisse.
2. Épluchez et coupez les rutabagas en gros cubes. Pelez et émincez l'oignon. Faites revenir le tout dans une sauteuse avec l'huile 5 minutes à feu moyen. Couvrez d'eau à hauteur et ajoutez le cube de bouillon émietté. Portez à ébullition. Baissez le feu et laissez cuire 15 minutes à couvert.
3. Essuyez la cuisse de canard sur un papier absorbant. Enlevez la peau et émiettez la chair.
4. Égouttez les légumes à l'aide d'une écumoire et mixez-les finement avec un peu de bouillon de cuisson pour obtenir une texture de velouté.
5. Répartissez le velouté dans des bols, ajoutez l'effiloché de canard et servez sans attendre.

Velouté de topinambours

Pour 4 personnes
Préparation : 20 min
Cuisson : 30 min

700 g de topinambours
1 cube de bouillon de légumes
3 oignons
2 cuillerées à soupe de sirop d'érable
1 cuillerée à café de curry
2 cuillerées à soupe d'huile neutre
sel

1. Pelez les topinambours et coupez-les en gros cubes. Faites-les cuire 20 minutes dans une casserole d'eau bouillante salée avec le cube de bouillon émietté.
2. Pendant ce temps, pelez et émincez finement les oignons. Faites-les revenir dans une poêle avec l'huile pendant 5 minutes. Ajoutez le sirop d'érable, le curry et laissez caraméliser 5 minutes sur feu doux.
3. Égouttez les topinambours à l'aide d'une écumoire et mixez-les finement avec un peu de bouillon de cuisson pour obtenir une texture de velouté.
4. Répartissez le velouté dans des bols et parsemez d'oignons confits.

Velouté tout orange

Pour 4 personnes
Préparation : 15 min
Cuisson : 25 min

800 g de potiron
(ou de courge musquée)
2 carottes
1 poivron rouge
1 cuillerée à café
de cumin en poudre
5 cl de crème fraîche
(facultatif)
sel, poivre

1. Pelez le potiron et les carottes. Coupez-les en gros cubes.
2. Lavez le poivron et coupez-le en deux. Ôtez les membranes blanches et les graines. Coupez-le en lamelles.
3. Dans une grande casserole, déposez tous les légumes et mouillez d'eau à hauteur. Portez à ébullition, puis couvrez et faites cuire 25 minutes sur feu moyen.
4. Mixez finement la préparation avec l'eau de cuisson.
5. Assaisonnez de cumin, sel et poivre. Ajoutez éventuellement de la crème fraîche pour avoir un aspect plus velouté. Servez sans attendre.

Ajo blanco

Pour 4 personnes
Préparation : 15 min
Sans cuisson

1 gousse d'ail
4 tranches de pain de mie sans la croûte
200 g d'amandes entières mondées
2 cuillerées à soupe de vinaigre de Xérès
5 cl d'huile d'olive
sel

1. Pelez et dégermez la gousse d'ail.
2. Passez le pain sous un filet d'eau froide pour le ramollir.
3. Mixez finement les amandes avec la mie de pain, l'ail, l'huile et le vinaigre.
4. Ajoutez 80 à 90 cl d'eau froide et mixez à nouveau. Salez. Servez froid.

Gazpacho petits pois-œuf poché

Pour 4 personnes
Préparation : 15 min
+ 1 h au réfrigérateur
Cuisson : 20 min

500 g de petits pois écossés
1 cube de bouillon de volaille
1 cuillerée à soupe de vinaigre blanc
4 œufs extra-frais
sel, poivre

1. Plongez les petits pois dans une grande casserole d'eau bouillante avec le cube de bouillon et faites cuire 15 minutes à feu moyen.
2. Égouttez les petits pois et mixez-les finement avec un peu de bouillon de cuisson pour obtenir une texture de velouté. Laissez refroidir puis réservez 1 heure au frais.
3. Répartissez le velouté dans 4 bols.
4. Juste avant de servir, portez à ébullition une grande casserole d'eau vinaigrée. Cassez les œufs, un à un, dans une louche et déposez-les délicatement dans l'eau. Laissez-les cuire 3 minutes.
5. Retirez les œufs de la casserole avec une écumoire et placez-les sur le gazpacho de petits pois. Salez et poivrez. Servez aussitôt.

Gazpacho tomate-betterave

Pour 4 à 6 personnes
Préparation : 15 min
+ 2 à 3 h au réfrigérateur
Cuisson : 2 min

5 belles tomates
1 petite betterave cuite
½ concombre
½ poivron rouge
1 tranche de pain
de mie sans la croûte
8 gouttes de Tabasco®
sel
graines de sésame
pour la déco

1. Lavez les tomates et coupez-les en morceaux (ôtez les pépins).
2. Pelez la betterave et le concombre et coupez-les en gros cubes.
3. Faites blanchir le poivron 2 minutes dans une petite casserole d'eau bouillante salée. Égouttez-le (inutile de le peler si vous avez un bon mixeur).
4. Mixez finement les tomates avec le poivron, la betterave, le concombre, le pain de mie et le Tabasco®. Placez 2 à 3 heures au réfrigérateur.
5. Au moment de servir, versez le gazpacho dans des verrines et parsemez de sésame.

Gazpacho vert

Pour 4 personnes
Préparation : 5 min
+ 2 à 3 h au réfrigérateur
Sans cuisson

2 concombres
1 gros poivron vert
1 cuillerée à soupe de persil plat haché
2 tranches de pain de mie sans la croûte
le jus de 1 citron vert
quelques gouttes de Tabasco®
2 cuillerées à soupe d'huile d'olive
sel, poivre

1. Lavez les concombres. Réservez ½ concombre. Coupez le reste en deux dans la longueur, enlevez les graines et taillez en gros morceaux.
2. Lavez le poivron et coupez-le en deux. Retirez les membranes blanches et les graines. Coupez en gros morceaux.
3. Mixez finement les morceaux de poivron et de concombre avec le persil, le pain de mie, le jus de citron et l'huile. Salez, poivrez et ajoutez le Tabasco®. Placez 2 à 3 heures au réfrigérateur.
4. Coupez le ½ concombre réservé en deux dans la longueur, enlevez les graines et coupez en tout petits dés.
5. Au moment de servir, parsemez la soupe de dés de concombre.

Soupe de légumes d'été à la feta

Pour 4 personnes
Préparation : 10 min
Cuisson : 15 à 20 min

1 courgette
1 aubergine
4 tomates
50 g de feta
quelques branches de thym frais
huile d'olive
sel, poivre

1. Préchauffez le four à 150 °C (th. 5).
2. Lavez et essuyez les légumes. Taillez la courgette et l'aubergine en bâtonnets. Coupez les tomates en rondelles.
3. Disposez les légumes sur deux plaques du four recouvertes de papier sulfurisé sans les tasser. Arrosez-les généreusement d'huile d'olive, saupoudrez-les de thym effeuillé, salez et poivrez. Enfournez et faites cuire 15 à 20 minutes, jusqu'à ce que les légumes soient tendres.
4. Mixez les légumes en ajoutant un peu d'eau si besoin pour obtenir la consistance souhaitée. Réservez au réfrigérateur.
5. Coupez la feta en petits dés. Servez la soupe de légumes bien fraîche parsemée de dés de feta.

Soupe de pastèque et feta

Pour 4 personnes
Préparation : 15 min
Sans cuisson

800 g de chair de pastèque
80 g de feta
sel, poivre

1. Épluchez la pastèque, ôtez les pépins et coupez la chair en gros cubes.
2. Mixez finement la pastèque. Salez et poivrez. Réservez au réfrigérateur.
3. Coupez la feta en petits dés.
4. Répartissez le velouté bien frais dans des coupelles. Parsemez de dés de feta et servez.

Soupe de tomates fraîches au basilic

Pour 4 personnes
Préparation : 5 min
Sans cuisson

1 tranche de pain de mie sans la croûte
500 g de tomates
½ bouquet de basilic
100 g de chèvre frais (type Petit Billy®)
1 gousse d'ail
sel, poivre

1. Mouillez légèrement le pain et essorez-le. Lavez les tomates et coupez-les en morceaux.
2. Lavez le basilic. Épluchez et écrasez grossièrement la gousse d'ail.
3. Mixez le pain puis ajoutez les tomates, l'ail et 4 feuilles de basilic. Mixez le tout jusqu'à obtenir une texture de velouté. Salez et poivrez.
4. Répartissez le velouté dans des verrines et réservez au frais. Au moment de servir, parsemez de basilic ciselé et de chèvre frais émietté.

Soupe froide d'asperges au surimi

Pour 4 personnes
Préparation : 5 min
Cuisson : 10 min

250 g d'asperges vertes
150 g de fèves écossées
30 g de parmesan fraîchement râpé
1 cuillerée à café de curcuma
100 g de miettes de surimi
sel, poivre

1. Lavez et épluchez les asperges.
2. Faites cuire les asperges et les fèves dans une grande casserole d'eau bouillante salée pendant 10 minutes.
3. Égouttez les légumes à l'aide d'une écumoire.
4. Mixez les asperges et les fèves avec un peu d'eau de cuisson. Ajoutez le parmesan et le curcuma. Salez et poivrez. Laissez refroidir.
5. Répartissez la soupe dans 4 ramequins. Parsemez de miettes de surimi et servez.

Soupe glacée à la tomate, granité au basilic

Pour 2 personnes
Préparation : 15 min
+ 2 h de repos
Sans cuisson

1 bouquet de basilic
30 cl de pulpe de tomates
glaçons
sel

1. Lavez le basilic puis mixez-le avec 10 cl d'eau. Placez cette purée dans un récipient au congélateur pendant 2 heures minimum.
2. Lorsque la purée de basilic est congelée, grattez-la à l'aide d'une fourchette pour en faire des paillettes.
3. Mixez la pulpe de tomates avec une bonne pincée de sel et une dizaine de glaçons.
4. Versez la soupe glacée dans des verres et décorez de granité au basilic.

Mon conseil : l'été, réalisez cette soupe désaltérante avec de la pulpe de tomates fraîches, elle n'en sera que plus goûteuse.

Velouté concombre-avocat

Pour 4 personnes
Préparation : 10 min
+ 1 h au réfrigérateur

½ concombre
1 avocat
1 cuillerée à café bombée d'herbes de Provence
1 cuillerée à soupe d'huile d'olive
sel, poivre

1. Lavez le concombre, épépinez-le et coupez-le en gros cubes.
2. Coupez l'avocat en deux et prélevez la chair.
3. Mixez finement le concombre et l'avocat avec 15 cl d'eau, l'huile et les herbes de Provence. Salez et poivrez.
4. Répartissez le velouté dans 4 verrines. Réservez 1 heure au frais avant de servir.

Velouté d'aubergines au bacon

Pour 6 personnes
Préparation : 10 min
Cuisson : 20 min

600 g d'aubergines
30 cl de lait d'amandes
80 g de bacon
2 cuillerées à soupe d'huile d'olive
sel, poivre

1. Lavez les aubergines et coupez-les en petits cubes.
2. Faites chauffer l'huile dans une grande sauteuse, puis faites revenir les aubergines 15 à 20 minutes à feu moyen, jusqu'à ce qu'elles soient tendres. Salez et poivrez.
3. Mixez finement les aubergines avec le lait d'amandes (ajoutez un peu d'eau si nécessaire). Placez au réfrigérateur jusqu'au moment de servir.
4. Dans une poêle antiadhésive, faites griller les tranches de bacon 2 minutes de chaque côté à feu vif afin qu'elles soient bien croustillantes.
5. Servez le velouté d'aubergines bien frais dans des assiettes ou des verrines. Parsemez le dessus de bacon grillé coupé en petits morceaux.

Velouté d'avocat au wasabi

Pour 4 personnes
Préparation : 5 min
Sans cuisson

2 avocats
le jus de 1 citron vert
1 noisette de wasabi
½ bouquet
de coriandre fraîche
1 petite boîte de chair
de crabe
sel, poivre

1. Coupez les avocats en deux et prélevez la chair à l'aide d'une petite cuillère.
2. Mixez finement la chair d'avocat avec le jus de citron, le wasabi, la coriandre et 20 cl d'eau. Salez et poivrez.
3. Répartissez le velouté dans des verrines et parsemez de chair de crabe. Servez bien frais.

Velouté de poivrons au parmesan

Pour 4 personnes
Préparation : 20 min
Cuisson : 20 min

4 gros poivrons rouges
80 g de parmesan fraîchement râpé + quelques copeaux pour la déco
sel, poivre

1. Déposez les poivrons sur une plaque et passez-les 20 minutes environ sous le gril du four en les retournant pour que la peau noircisse.
2. Enfermez-les dans un sac de congélation et laissez-les refroidir.
3. Pelez les poivrons. Enlevez les pépins et les membranes.
4. Mixez finement la chair des poivrons avec le parmesan. Ajoutez un peu d'eau pour obtenir une consistance onctueuse. Salez et poivrez. Placez le velouté au frais jusqu'au moment de servir.
5. Servez le velouté parsemé de quelques copeaux de parmesan.

Velouté de tomates aux fraises

Pour 2 personnes
Préparation : 5 min
Sans cuisson

200 g de fraises
200 g de tomates
quelques feuilles de basilic
sel, poivre

1. Lavez et équeutez les fraises.
2. Lavez les tomates et coupez-les en morceaux (enlevez les pépins).
3. Mixez finement les fraises avec les tomates. Assaisonnez d'une pointe de sel et de poivre. Réservez au frais jusqu'au moment de servir.
4. Versez le velouté dans des grands verres et parsemez de feuilles de basilic entières ou ciselées.

Velouté glacé aux radis

Pour 2 personnes
Préparation : 5 min
+ 1 heure au réfrigérateur
Sans cuisson

1 botte de radis
1 yaourt velouté (125 g)
1 cuillerée à soupe de sauce soja
1 cuillerée à soupe d'huile d'olive

1. Lavez les radis et équeutez-les.
2. Mixez-les finement avec le yaourt, la sauce soja et l'huile d'olive.
3. Répartissez le velouté dans des verrines et réservez 1 heure au frais avant de servir.

Soupe vanillée à l'ananas

Pour 4 personnes
Préparation : 5 min
Sans cuisson

1 ananas bien mûr
1 gousse de vanille
(ou ½ cuillerée à café
de vanille en poudre)
2 cuillerées à soupe
de sirop d'agave
quelques dés de pain
d'épices pour servir

1. Pelez l'ananas, coupez-le en quatre et retirez le cœur. Coupez la chair en gros dés.
2. Fendez la gousse de vanille en deux dans la longueur et grattez les graines avec la pointe d'un couteau.
3. Mixez finement la chair d'ananas avec les graines de vanille et le sirop d'agave.
4. Servez cette soupe bien fraîche avec des dés de pain d'épices.

Soupe de fraises au champagne

Pour 4 personnes
Préparation : 10 min
Sans cuisson

500 g de fraises
50 g de sucre semoule
20 cl de champagne

1. Lavez les fraises et équeutez-les. Coupez les plus grosses en deux.
2. Mixez finement les fraises avec le sucre.
3. Versez la purée de fraises dans un saladier et ajoutez le champagne. Mélangez délicatement avec une spatule en bois. Servez aussitôt.

Mon conseil : pour avoir un dessert bien frais, placez les fraises et le champagne au réfrigérateur avant de réaliser la recette.

Soupe de fraises et framboises à la menthe

Pour 4 personnes
Préparation : 10 min
Sans cuisson

250 g de framboises
250 g de fraises
50 g de sucre semoule
2 brins de menthe

1. Lavez très rapidement les framboises sous un filet d'eau froide.
2. Lavez les fraises et équeutez-les. Coupez les plus grosses en deux.
3. Mixez finement les framboises et les fraises avec le sucre et la menthe. Réservez au frais jusqu'au moment de servir.

Soupe glacée de melon à l'orange confite

Pour 4 personnes
Préparation : 10 min
Sans cuisson

2 petits melons fermes
1 cuillerée à soupe d'eau de fleur d'oranger
50 g d'écorces d'orange confite

1. Coupez les melons en deux. Ôtez les pépins et les filaments. Prélevez la chair et coupez-la en gros cubes.
2. Mixez finement la chair de melon avec l'eau de fleur d'oranger.
3. Répartissez la soupe dans des petits ramequins et réservez au frais jusqu'au moment de servir.
4. Coupez les écorces en petits dés. Parsemez-les sur le dessus des ramequins et servez aussitôt.

Velouté de coing, poires et spéculoos

Pour 4 personnes
Préparation : 15 min
Cuisson : 20 min

1 coing
2 belles poires
50 g de spéculoos

1. Lavez le coing et coupez-le en 8 quartiers. Déposez-les dans une casserole. Couvrez d'eau à hauteur, portez à ébullition et faites cuire 20 minutes. Laissez refroidir.
2. Lavez les poires, coupez-les en deux et retirez le cœur.
3. Égouttez les quartiers de coing en réservant le jus de cuisson. Ôtez le cœur et les pépins.
4. Mixez finement le coing et les poires avec les spéculoos en ajoutant le jus de cuisson. Réservez au frais jusqu'au moment de servir.

Velouté de mangue au lait de coco

Pour 4 personnes
Préparation : 10 min
Sans cuisson

1 belle mangue bien mûre
20 cl de lait de coco
1 cuillerée à soupe
de pollen (facultatif)

1. Pelez la mangue et coupez la chair en cubes.
2. Mixez finement la mangue avec le lait de coco. Ajoutez 10 à 20 cl d'eau pour assouplir la texture.
3. Répartissez le velouté dans des petits ramequins et réservez au frais jusqu'au moment de servir.
4. Saupoudrez le dessus des ramequins de pollen et servez aussitôt.

Mon conseil : si la mangue n'est pas assez sucrée, ajoutez 30 à 50 g de sucre semoule.

ÉQUIVALENCES

MESURES LIQUIDES

SYSTÈME MÉTRIQUE	SYSTÈME AMÉRICAIN	AUTRE NOM
5 ml	1 cuillère à thé (cuillère à café française)	
15 ml	1 cuillère à table (cuillère à soupe française)	
35 ml	1/8 cup (tasse française)	1 oz (ou once)
65 ml	1/4 cup ou 1/4 grand verre	2 oz
125 ml	½ cup ou ½ grand verre	4 oz
250 ml	1 cup ou 1 grand verre	8 oz
500 ml	2 cups ou 1 pinte	
1 litre	4 cups ou 2 pintes	

MESURES SOLIDES

SYSTÈME MÉTRIQUE	SYSTÈME AMÉRICAIN	AUTRE NOM
30 g	1 oz	
55 g	1/8 lbs	2 oz
115 g	1/4 lbs	4 oz
170 g	3/8 lbs	6 oz
225 g	½ lbs	8 oz
454 g	1 livre	16 oz

CHALEUR DU FOUR

CHALEUR	° CELSIUS	THERMOSTAT	° FAHRENHEIT
Très doux	70 °C	Th. 2-3	150 °F
Doux	100 °C	Th. 3-4	200 °F
	120 °C	Th. 4	250 °F
Moyen	150 °C	Th. 5	300 °F
	180 °C	Th. 6	350 °F
Chaud	200 °C	Th. 6-7	400 °F
	230 °C	Th. 7-8	450 °F
Très chaud	260 °C	Th. 8-9	500 °F

Mango une marque de Fleurus Éditions
www.fleuruseditions.com

Édition : Barbara Sabatier et Adèle Vay
Direction artistique : Chloé Eve
Maquette : Chantal Tuaud
Fabrication : Thierry Dubus et Sabine Marioni

N° d'édition : M12097
ISBN : 9782317003523
Code MDS : 73923
Photogravure : Amalthéa
Achevé d'imprimer en juillet 2012 par C&C Offset – Chine
Dépôt légal : août 2012
Édition N°1

FEUILLETEZ
TOUTE LA
COLLECTION
SUR
www.fleuruseditions.com